a Vanni

D0974940

ML & NLF

by Diane Ward and Michael C. McMillen

"Solo il soggetto – il soggetto umano, il soggetto del desiderio che è l'essenza dell'uom
non è a differenza dell'animale del tutto prigioniero in questa cattura immaginaria
essa, egli delinea se stesso. Come? Nel modo in cui individua la funzione dello scher
e gioca con questo. L'uomo sa in effetti come giocare con la maschera, come ciò die
cui si cela lo sguardo. Lo schermo è quindi il luogo della mediazione."

Jacques Lacan, The Four Fundamental Concepts of Psycho-Anal

"Sontag è v
Joseph Co

ly the subject – the human subject, the subject of the desire that is the essence of
n – is not, unlike the animal, entirely caught up in this imaginary capture. He maps
iself in it. How? In so far as he isolates the function of the screen and plays with it.
in, in effect, knows how to play with the mask as that beyond which there is the gaze.
e screen is here the locus of mediation."

Jacques Lacan, <u>The Four Fundamental Concepts of Psycho-Analysis</u>

"Sontag is <u>life</u>."

Joseph Cornell

INDICE DEI CONTENUTI

TABLE OF CONTENTS

A cura di Paul Vangelisti
Traduzione dall'inglese: Manuela Bruschini
© Copyright 2000 - PRINTED IN ITALY

RITRATTO CHE INDICA UNO SPAZIO SENZA INCLUDERLO VISUALMENTE
1.
la luna arde gialla in
ogni stanza del paesaggio viola

profilo di piedi sul pavimento
piccola minuscola bocca

impressa, lasciata fuori
come se io avessi un occhio
generato da molti punti

che indugia troppo a lungo,
e così esplode
dal corpo la vista

ti porgo entrambe le parti, la memoria
di ogni attimo come vertice nella mia visione conica

ogni singolo margine esposto
vale come scalino
sul quale l'esplosione volta

un trasparente piano fantastico
dipinto con linee immaginarie
fuori e fuori

PORTRAIT SIGNIFYING SPACE WITHOUT VISUALLY ENCLOSING IT

1.

moon burns yellow in
every room of the violet landscape

feet outline the floor
little tiny muzzle

fixed, placed outside
as if I've one eye
conceived from many points

and lingers too long so
explodes the view
from the body

I hand you both sides, each time's
memory as the apex in my cone of vision

every single exposed edge
counts as a peg
on which burst turns

an imaginary transparent plane
depicted as imaginary lines
out-and-out

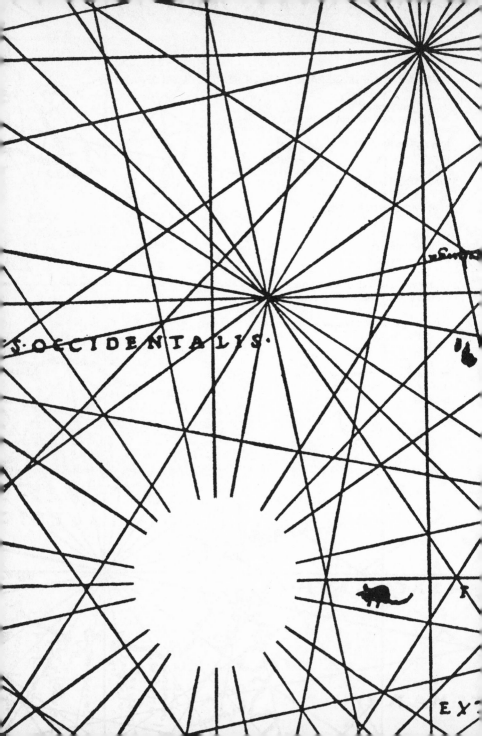

2.

vera misura dei componenti
(niente suona alla moda oggi)

e come
fossero
lenzuola di vetro
vengono per posare su te

la schiena e la testa si allontanano
lo scheletro è spazzato via

così tante dita disseminate
che prima erano unite

punto di fine della forma interna

lunghe percussioni del pavimento
scemano la distanza
l'orizzonte ti spinge sotto

alzarsi per frantumare se stessi
"Acute Emozioni Abbracciano Muri Crollanti!"

ho declassato me stesso
- mediocre comparsa -
a geografia dei contorni fisici

per rappresentare la gamma di una forma
raffigurare gamma e figura

2.
true size of components
(nothing smacks stylish today)

and as
if it were
glass sheets
come to rest on you

back and top depart
skeletal system swept away

so many fingers spread apart
who've been together

end point of shaped inner edge

floor's long strokes
diminish distance
horizon pushes you below

standing up to distrup a self:
"Thorny Emotions Embrace Crumbling Walls!"

I've declassified myself
middling frame member
in body contour map

to figure out the scale of a figure
figure out scale and figure

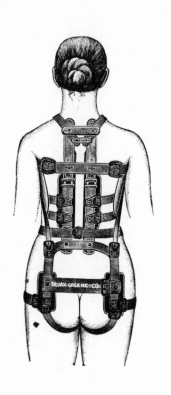

3.
un dopo-immagine passaggio-diagonale
e il nostro mondo sussurra
i suoi punti svanenti

il suono confonde il suo fondamento con se
si contrae, più ampio nella relazione
il bordo davanti – finestre minuscole
racchiudono esterna esattezza
allontanano interiorità immensa

nel suo rifugio
profilo di piede
sull'impronta disegnata del margine anteriore

proiezione nascosta
nessun topografico senso
ne dita della mano
ne dita del piede

sul lato profilo di piede

niente Quello
qui ci muoviamo sempre nel Questo

3.
an after-image pass-through
and our world
buzzes its vanishing points

sound confuses its ground with self
shrinks larger in relation
front lip and tiny windows
contain exterior precision
ward off vast interior

inside its hideout
outline of foot on front
lips' delineated touch

unseen projection
no topographical senses
no fingers
no toes

outline of foot on side

none of the that, here
we move in constant this

4.
il raziocinio reinventa il suo ritratto
cinto dal silenzio
incavo per maschera
per corpo fino
terribile duro, e tranquillo

quali sono gli obiettivi?
una fine sicura e una porta,

mossa più ravvicinata, il tuo
contesto recede e già ti definisce
tocco saziato con la forza
regole più semplici

forme del principio
impulso trasmesso ad
uno, emesso dall'altro

senza stringere molto
le dita crescono deboli

il sotto della gamba davanti

poiché è stabilito, *ha luogo*
fuori dal piano dell'immagine
come tu fossi stato avvistato
da un occhio che viene per dormire

4.
rationality reinvents its portrait
surrounded by silence
groove for panel
for subtle body
terrible stiff and still

what are the targets?
a stable end and a door, clinched

move closer, your context
recedes yet defines you
touch filled with force
rules more simple

shape of beginning
impulse transmitted to
one, gone from the other

without holding much
fingers grow dim

bottom of front leg

because it's fixed, *has place*
outside the picture plane
as if you've been sighted
by one eye come to rest

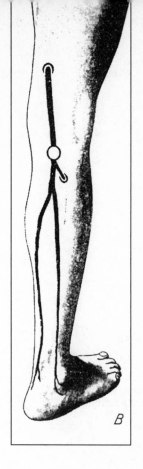

B

5.
bottone reclinabile
costretto in un corto giunto

per renderci umani
le arterie
una svolta decisa
profilo di braccia

carezzando foto ricordo
ammiccando invidia

"alla fine un altro sole
con una famiglia di pianeti"

braccia increspate
che cosa indugia dietro ai muri
quando l'osservatore
ritorna

estremità superiore di gamba
sistema nervoso
assorbono completamente

quasi tutta l'oppressione sopra ai muri
conseguenza del loro stesso peso

5.
tilting button
plunged into a short splice:

to make us human
the arteries
the brawny turnaround
outline of arm

fondling picture-memories
winking envy

"at long last, another sun
with a family of planets"

curly arms
what hangs behind walls
when the observer
moves back

upper end of leg
nervous system
drink up

nearly all the oppression upon the walls
due to the effect of their own weight

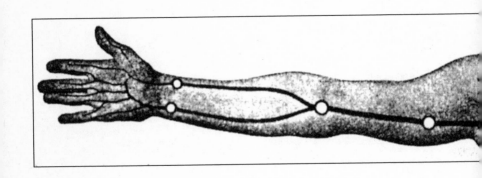

6.
piatta superficie davanti
l'occhio totalmente accerchiato da
un colore: una stanza di un solo colore
                       una faccia immota

l'oggetto osservò se stesso ondeggiare

piedistallo che muove
la mia identità
in cui io fisso te
e entrambe le fini dello
scambio
battito d'occhi

croce-grembo giuntura
                   punti di dissanguamento
sogno tu stia bussando alla porta della mia
cantina
la mano suona uno sciocco motivetto

una gamba asportata
questa poema è un insieme di suoni disparati
il dito tamburella, la testa palpita, il pomello gira

la mente scherzò con la vertigine
con l'opinione del suo stesso movimento
trattenendo la spina

6.
flat surface in front
the eye entirely surrounded
with one color: a room of one color
                       a face without movement

the object observed – itself reeling

pedestal turning
my gender thing
in which I gaze at you
and both ends of the
exchange
blink

cross-lap joint
                   bloodletting points
dream you're knocking on my
cellar door
hand plays a mindless tune

one leg removed
this poem's a collection of disparate sounds
finger drums, head throbs, doorknob turns

mind fooled into dizziness
into a belief of its own movement
retaining plug

7.
sento che l'eco
sazia l'universo
con la sua ridondanza

e quando lo schianto finì
la mente continuò a seguirlo
cercando l'anima
dettaglio collare

significa che sono dove sono
ora, un pomeriggio in declino

vista interiore
della traiettoria vitale
indicazione impraticabile di un edificio
la scala conduce sopra
perché non c'è niente di sotto

pezzo di riempimento
dissezione di ventre
anche oltre niente, eppure il futuro

in qualche modo volevo essere onesta
come altri poeti
- divisòri interni -
e creare uno spazio per te
un vuoto assoluto

7.
I hear the echo
fills the universe
with its effect

so when the hurtling stopped
the mind continued to follow it down
inferring the subtle body
detail collar

it matters that I am where I am
a slanted afternoon now

interior view
of life's trajectory
inaccessible indication of a building
stairway leads up
simply because there's nothing below

filler piece
dissection of womb
nothing above, too, though the future

I wanted to be virtuous somehow
like other poets
internal dividers
and create a space for you
a total blank

SHOOTING STAR, INC.

D048267 -1

All (Red) Star Must Be Shot From Card
To Win A Prize

8.

dietro la fermezza delle palpebre
incrollabile luogo di condivisione
sottofaccia del davanti
il fallimento dipende dalla mancanza di stabilità
non dalla mancanza di forza

scheletro
momenti di sordo rossiccio – giallastro
l'estremità laterale di M
diventata malleabile

il corpo come bianco schermo di proiezione
corpo come simbolo e della vita
consumata fuori di se
bacata dai vermi

margine su lato e estremità
vaso di vetro come principio di organizzazione
la sua esistenza non i suoi contenuti
delegano il desiderio

non puoi immaginare le conseguenze:
le parti superiori delle regioni fisiche
un corpo che viene scrollato

figura di ferita
e di malattia

8.
behind eyelids' stability
unshakable spot for sharing
underface of front
failure is due to lack of stability
not to lack of strength

Skeleton
moments of dull reddish-yellowish
sidewise edge's of M
gone malleable

body as blank projection screen
body as symbol and of life
worn outside itself
wormholed

lip on side and ends
glass jar as organizing principle
its existence not its contents
delegate desire

you're not imagining the effect:
upper parts of regions
a body being shaken

wound figure
illness figure

9.
sul margine dei lati
disfando le estremità di entrambi
immersione disperata

c'è una patina sulla tua faccia
il cui riflesso mi fa tremare

angolo anteriore più basso
un frastuono tascabile, ostacolato
collettivamente (palcoscenico orale o anale)

congiungendoli così che le loro
sponde si sollevino, sempre guardando dentro

apposta: dondolare la culla
nel montaggio illustrato

poi piegare ciascuno sopra e sotto il cerchio
dell'altro, molte volte

anatomico arrotolarsi
e piedistallo che gira

orizzontali membra di contorno

Parte inferiore del Piedistallo

9.
on the edge of sides
unlaying the ends of both
wretched plunge

there's a film over your face
which reflection makes me tremble

lower front corner
a pocket-sized din, collectively
blocked (oral or anal stage)

uniting them so their strands
upheave, always looking in

on purpose: to rock cradle
into pictorial assembly

then tuck each over and under the other's
circle several times

anatomical scrolls
and pedestal turning

horizontal frame members

Underside of Pedestal

RITRATTO CHE SI MANIFESTA ATTRAVERSO I NUMERI

non pensando a te

     tre per uno
        oppure
     un 2/3 supplementare lontano
        per te stesso

non pensando a te

possibile affondamento, prevalenza
di condizioni elastiche

     "... un biscotto è duro ma debole
     l'acciaio è duro e forte...."

niente pensieri mai sentiti
incerti
        libera
        ammissione
consumate intere braccia
e legittimi giorni
consumati frantumando
venendo spinti assieme

memoria del mio affetto

un luogo per il tuo viso
per diventare triste
abbracciare forze esterne
inclini a disprezzare
sia la vita che la morte

significa che molte persone
non continueranno a galleggiare
nel mondo che hanno conosciuto

una bella botta data in misura
e con stile

     UNO SFOGO
     SENZA PRECEDENTI !

"la guerra fa i ladri,

     No-Fly

la pace li impicca."

PORTRAIT MANIFESTED IN NUMBERS

not thinking of you

       three for one
           or
     an additional 2/3 off
        for yourself

not thinking of you

possible sinking superiority
of elastic conditions

      "…a biscuit is stiff but weak,
      steel is stiff and strong,…"

no thoughts ever felt
uncertain
          free
          admission
spent entire arms
and legitimate days
spent shattering
being pushed together

memory of my dear

a place for your face
to wax sad
embrace external forces
whose heart was disposed
to despise both life and death

it means most people
won't continue to float
in the world they've known

a good blow dealt in size
and in design

     AN UNPRECEDENTED
     OUTPOURING!

"War makes thieves,

    No-Fly

peace hangs them."

liberare un alto trillo gemente
Un   oh! atomo dell'origine
Sacco   sfiorato e detto sommessamente
Di   nel fare la gran volta
vocali

                          la forma di una testa
                    si piega
                sopra il tempo

        interconnessa, patisce qualche danno
                            (non troppo utile)

            testa curvata su legame intrecciato
    il collo individua linguaggi per separare

                gocciolando, tutto solo?

            un errore di punteggiatura senza contesto

    tutto annodato nel flusso   preso (con un grano di

            essere in volo d'ascensione circolando verso l'alto

        essere pieni di emanazione

                                    micce impure
                            e salve galleggianti
                        straripate

            piccola parte di qualche divisione

clear to high, whining trill
a   oh! origin's atom
lot   is licked and cooed
of   in looping
vowels

                          the figure of a head
                     bends itself
            over time

     in interconnection, suffer some damage
                        (not too useful)

   head bent over spliced liaison
neck locates languages to sever

      Seeping, all alone?

     a slip of punctuaction without context

all tied into flux   taken (with a grain of

     to be in flight's lift's exerting an upward flow

     to be full of emanation

                         impure forms of fuse
                  and floating salvos
            overflown

      a small part of anything split

piccola parte di qualche divisione

                      micce impure
             e salve galleggianti
     straripate

 essere pieni di emanazione
             essere in volo d'ascensione
             circolando verso l'alto

tutto intrecciato nel flusso   preso (con un grano di
            un errore di punteggiatura senza contesto

gocciolando, tutto solo?

   testa curvata su legame intrecciato
il collo individua linguaggi per separare

      in interconnessione, patisce qualche danno
          (non troppo utile)

          la forma di una testa
      si piega
    sopra il tempo

un   oh! L'atomo dell'origine
sacco   è sfiorato e sussurrato
di   nel fare la gran volta
vocali

a small part of anything split

impure forms of fuse
and floating salvos
overflown

to be full of emanation
to be in flight's lift'exerting
an upward flow

all tied into flux   taken (with a grain of
a slip of punctuation without context

Seeping, all alone?

head bent over spliced liaison
neck locates languages to sever

in interconnection, suffer some damage
(not too useful)

the figure of a head
bends itself
over time

a   oh! origin's atom
lot   is licked and cooed
of   in looping
vowels

taken (with a grain of
a slip of punctuation without context

Seeping, all alone?

MAPPE DI CASA: Uno schizzo rude
I sub rifiutano l'acqua. Sono poveri balocchi.
Montagne e colline come bruchi o mammelle o spalle a riposo. Pan di zuc-
chero.
"Chi guarda è sempre condotto dall'immagine ad abbassare lo sguardo."
Sbarcare il Lunario incontra Trarre Profitto assetato di dove si vorrebbe esse-
re.
Serbato un francobollo mentale, un azzurro profondo nella sua impressione di
te.
(ho sognato dicevi per favore non chiamarmi di nuovo operaio specializzato.)
Un uomo di sostanza e rigore, vergogna.
Guardo avanti in un lungo angolo, preparo silenzio per i cervelli,
        in parte uccello in parte osso.

HOME MAPS: A Rough Sketch

The divers refuse the water. They are poor toys.
Mountains and hills like caterpillars or breasts or shoulders at rest. Sugar loaves.
"He who looks is always led by the painting to lay down his gaze."
Make Ends meets Capitalize On thirsting for where someone would be.
A mental stamp retained, deep blue in its impression on you.
(I dreamed you said please don't call me skilled worker again.)
A man of substance and stiffness, blush.
I face forward into a long corner, prepare silence for brains,
         part bird and part bone.

Ombre diffuse sulle forme della terra.
Ti ho ritratto sfumato, sempre, sebbene ami il contorno.
Il respiro si rinnova attraverso menti lontane, nell'atto di riconoscere.
Ho dipinto l'inesistenza nell'atto di andare a fondo.
(ho sognato dicevi per favore non chiamarmi di nuovo prepotente.)
La marmaglia del ricco progredisce meno dell'effetto complessivo di tutti i
    colori che calano nel buio.
Dimenticata, una fine privata dei suoi mezzi resta sospesa in graduatoria vacante.

Spread shadows on the land forms.
I pictured you being, forever and ever, cross-hatched while loving the contour.
Breath recycles through remote minds, in the act of locating.
I pictured Nothingness in the act of sinking deep.
(I dreamed you said please don't call me masterful again.)
The rich man's mob makes less progress than the general effect of all the
    hues lowering themselves into shadows.
Forgotten, an end deprived of its means dangles in unoccupied classification.

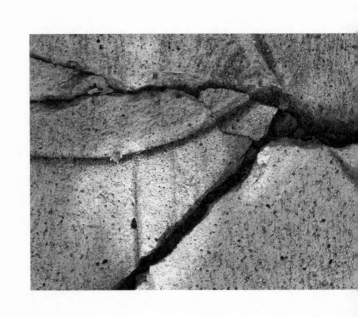

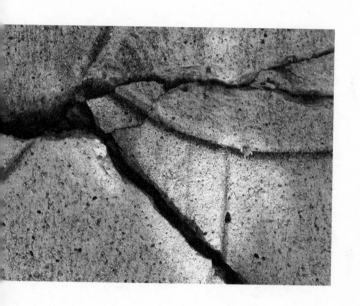

Le montagne si risolvono in grandi dirupi su un mare cucito profondo e forte.
Tu e le immagini sedete opposti mirando ad essere incustoditi, disposti
   in un boccone invitante.
Così tu puoi vedere la luce del giorno, fare uso egoistico dell'istante dato.
Ricordo profondamente affondato.
(ho sognato dicevi per favore non chiamarmi di nuovo maschio.)
Chi puntella il tuo cranio, rallentare il dettaglio a tocco descrittivo /
   niente tocco / niente tocco.
Una persona di segreto valore ed esauste richieste può stare con me in
                                        [qualsiasi momento,
   silenziosa e dondolante.

Mountains settle in great cliffs on a sea sewn deep and loud.
Images and you sit opposite aiming to be unguarded, dispositioned
    into a riveting gulp.
So you can see the light of day, make selfish use of an instant given.
Deeply sunk keep sake.
(I dreamed you said please don't call me masculine again.)
Who underpins your skull, slow the detail to a descriptive touch /
    no touch / no touch.
A person of secret place-value and used-up requests can stand with me anytime,
    still and swinging.

Ammettono quell'acqua da due fiume essenziali.
Un pò di storia: rimani in situazione, vivace come un grilletto.
Ogni momento passato ha una immagine con la tua testa sopra: una traccia di festa,
        provocazione da macchina / finestra / profilo, niente labbra da passare sotto
                                                                        [il mio orecchio.
Sono stata seduta ieri, sprofondata in una sedia, tuttavia i primi piani non possono
                                                                        [essere determinati.
Ho sognato ero in un concorso alimentare, senza sapere quanto segretamente
                                                                        [imitassi
        le mosse del mio avversario.
Antonioni, una telecamera, Piazza Tien An Men.
(ho sognato dicevi per favore non chiamarmi furbo di nuovo.)
Ho procurato liquidi per beni, sviluppo e più tardi, eccedenze di vivide emozioni.

They say that water by two substantial rivers.
Some history: you remain in context, snappy as a trigger.
Every once-over has a picture with your head upon it: a party spur,
        provocation by car / window / profile, no lips to pass beneath my ear.
I sat in a chair yesterday, deep-sunk though close-ups cannot be established.
I dreamed I was in an eating contest, not knowing how so secretly imitating
        the movements of my opponent.
Antonioni, a camera, Tien An Men Square.
(I dreamed you said please don't call me artful again.)
I supplied liquid for assets, growth, and later, some vivid surplus emotions.

Immagini mentali di luoghi inesprimibili.
Il litorale può essere visualizzato come la rapidità con la quale le estensioni
   costiere si adattano al mare.
Ho ammirato il mio nome ma non ho avuto pazienza per me stessa e le mie riflessioni
Azzurro nastro di mascheramento, marroni scorte di carte, nere lettere di pietra:
                         BUONGIORNO DIANE –
                         CI SONO
                         VIENI E BASTA
                            E A
Incatenata al cielo dove medito sui tuoi spazi, misurando gli esterni.
Ogni ora è una riproduzione unica.
Slegata nella sua immagine dispari.
(ho sognato dicevi per favore non chiamarmi più.)
Il mio messaggio elettronico non deve avere risposta per esistere.
Spegnere le luci: siamo biologicamente eccitabili.

Mental pictures of unutterable lands.
Coastline can be visualized as the rapidity with which the coastal ranges
       settle for the sea.
I looked up my name but had no patience for my self and her afterthoughts.
Blue masking tape, tan card stock, black block letters:
                     HELLO DIANE –
                     I'M IN
                     JUST COME
                     AND TO
Chained to the sky where I pore over your places, measuring the outsides.
Every time is a unique reproduction.
Untied in its odd image.
(I dreamed you said please don't call me anymore.)
My electronic message doesn't have to be answered to exist.
Lights out: we're biologically jumpy.

DIANE WARD was born in Washington D.C. in 1956 and since 1987 has lived in Los Angeles. Her books of poetry include *On Duke Ellington's Birthday* (1977), *Trop-i-dom* (1977), *The Light American* (1979), *Theory of Emotion* (1979), *Never Without One* (1984), *Relation* (1989), *Imaginary Movie* (1992) and *Human Feeling* (1994).

DIANE WARD è nata a Washington D.C. nel 1956 e dal 1987 vive a Los Angeles. Ha pubblicato numerosi libri di poesia tra i quali: *On Duke Ellington's Birthday* (1977), *Trop-i-dom* (1977), *The Light American* (1979), *Theory of Emotion* (1979), *Never Without One* (1984), *Relation* (1989), *Imaginary Movie* (1992) e *Human Feeling* (1994).

MICHAEL MCMILLEN was born in Los Angeles in 1946. His work has been shown at the Whitney Museum of American Art, the Guggenheim, the Corcoran Gallery, the LACMA and the Museum of Contemporary Art in Sydney, and is represented in various public and private collections in the U.S., Asia and Europe.

MICHAEL MCMILLEN è nato a Los Angeles nel 1946. I suoi lavori sono stati esposti al Whitney Museum of American Art, al Guggenheim Museum di New York, alla Corcoran Gallery, al Los Angeles County Museum e al Museum of Contemporary Art di Sydney, è presente in varie collezioni pubbliche e private negli Stati Uniti, in Asia e in Europa.

PREVIOUSLY PUBLISHED
POET & ARTIST BOOKS

ROBERT CROSSON - WILLIAM XERRA
The Blue Soprano, 1994

EMILIO VILLA
12 Sybillae, 1995

DENNIS PHILLIPS - COURTNEY GREGG
Book of Hours, 1996

PAUL VANGELISTI - DON SUGGS
A Life, 1997

MARTHA RONK - TOM WUDL
Allegories, 1998

DIANE WARD - MICHAEL C. MCMILLEN
Portraits and Maps, 2000

FORTHCOMING

DOUGLAS MESSERLI - JOHN BALDESSARI
Bowdown, 2001

ML & NLF
29010 Castelvetro Piacentino - Piacenza - Italy
litoeffe@agonet.it
www.michelelombardelli.com

Di questo volume, finito di stampare l'undici settembre 2000, per i tipi delle edizioni NLF, presso la NuovaLitoEffe in Castelvetro Piacentino (Pc), sono stati tirati 1009 esemplari così suddivisi:
9 esemplari in cofanetto numerati da I a IX, con una opera originale di Michael C. McMillen.
1000 esemplari numerati a 1 a 1000.

This volume printed September 11, 2000, by NLF editions, at NuovaLitoEffe in Castelvetro Piacentino (Pc) Italy, was published in an edition of 1009 copies as follows:
9 copies in a case numbered I to IX, with an original work by Michael C. McMillen.
1000 copies numbered 1 to 1000.

Copia N.
Copy No.   8 3 5